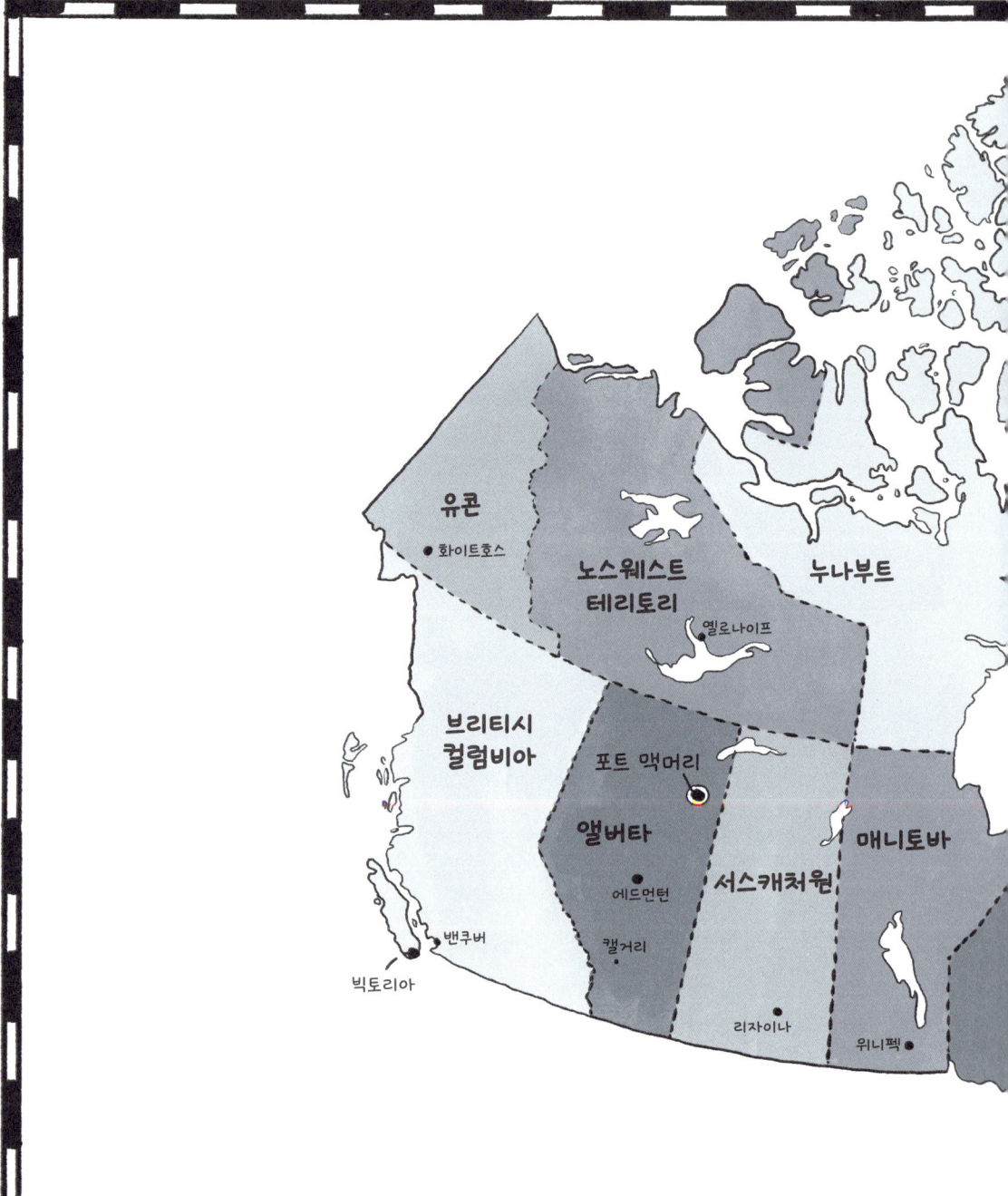

캐나다

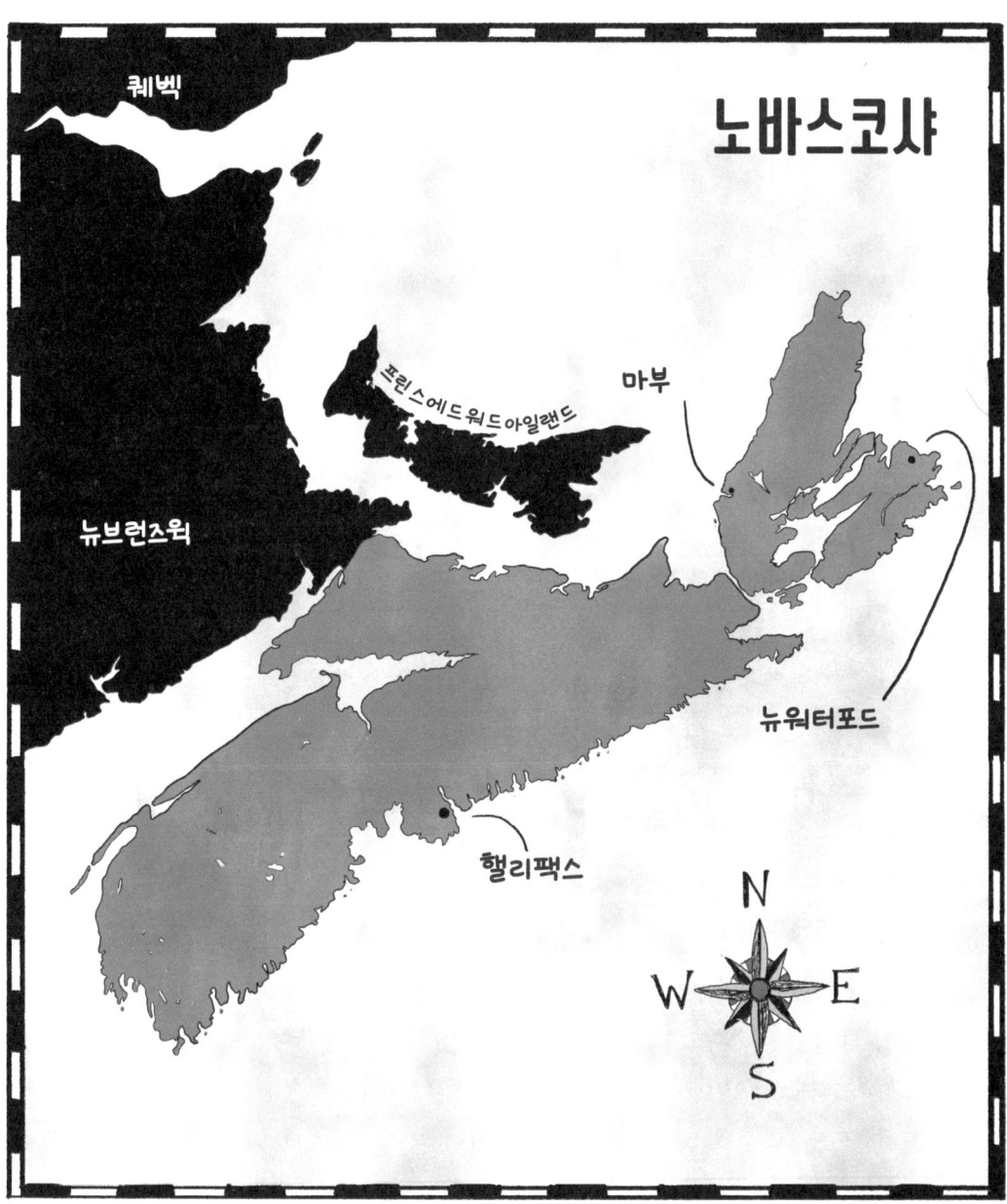

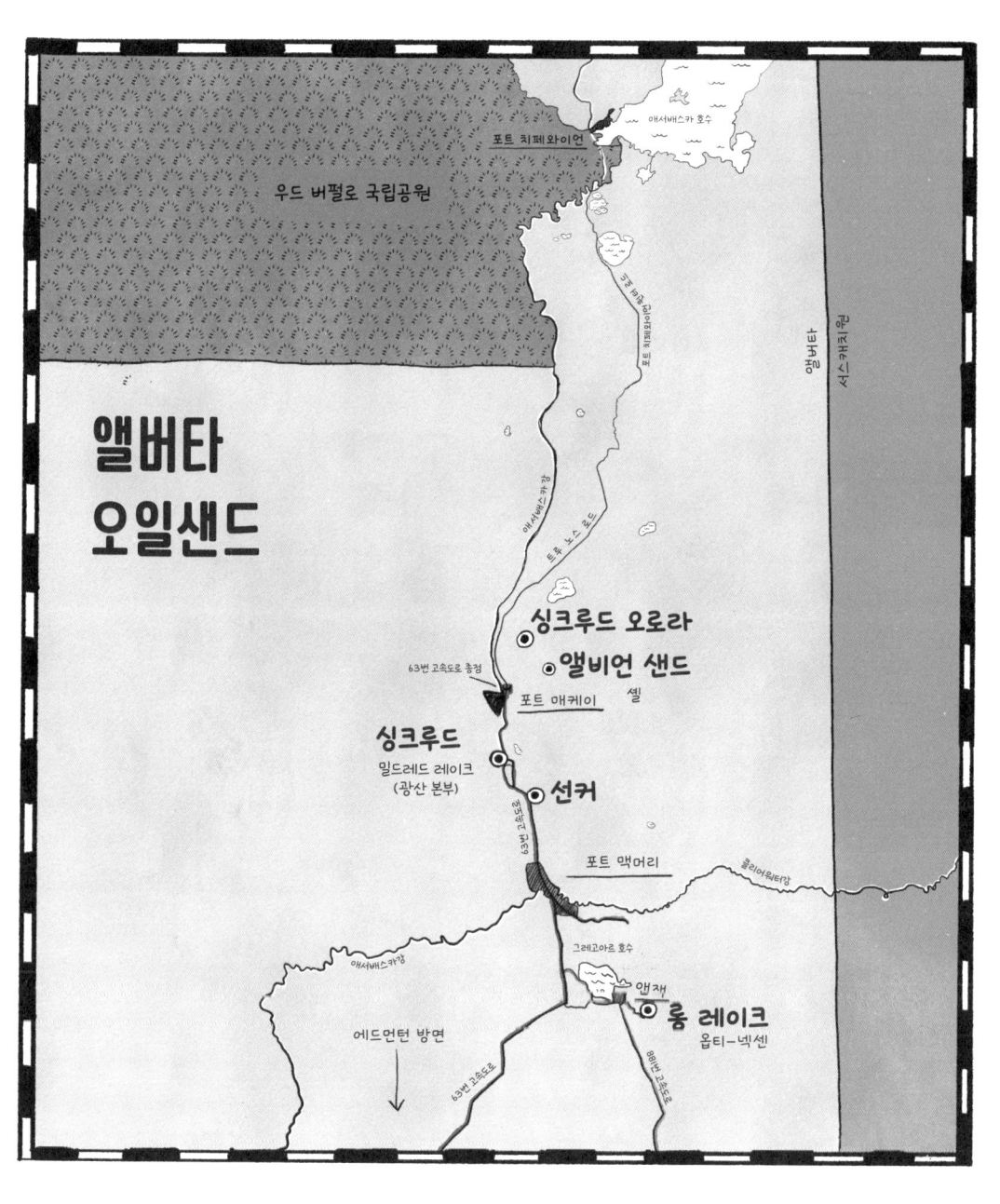

DUCKS
by Kate Beaton

Copyright © 2022 by Kate Beaton
All rights reserved.
Korean translation copyright © Gimm-Young Publishers, Inc. 2024
Korean translation rights arranged with Transatlantic Literary Agency Inc. on behalf of Drawn
& Quarterly, Books Inc., through Danny Hong Agency, Seoul.

이 책의 한국어판 저작권은 대니홍 에이전시를 통한 저작권사와의 독점 계약으로 김영사에 있습니다.
저작권법에 의해 한국 내에서 보호를 받는 저작물이므로 무단전재와 무단복제를 금합니다.

오리들 돈과 기름의 땅, 오일샌드에서 보낸 2년

1판 1쇄 발행 2024. 3. 13.
1판 2쇄 발행 2024. 11. 11.

지은이 케이트 비턴
옮긴이 김희진

발행인 박강휘
편집 김태권 디자인 지은혜 마케팅 고은미 홍보 박은경
발행처 김영사

등록 1979년 5월 17일 (제406-2003-036호)
주소 경기도 파주시 문발로 197(문발동) 우편번호 10881
전화 마케팅부 031)955-3100, 편집부 031)955-3200 팩스 031)955-3111

값은 뒤표지에 있습니다.
ISBN 978-89-349-4150-7 07300

홈페이지 www.gimmyoung.com   블로그 blog.naver.com/gybook
인스타그램 instagram.com/gimmyoung   이메일 bestbook@gimmyoung.com

좋은 독자가 좋은 책을 만듭니다.
김영사는 독자 여러분의 의견에 항상 귀 기울이고 있습니다.

DUCKS

돈과 기름의 땅, 오일샌드에서 보낸 2년

오리들

케이트 비턴

김희진 옮김

─── KATE BEATON ───

김영사

일러두기

- 이 책의 각주는 모두 옮긴이주이다.
- 일부 장 페이지 뒷면에 나오는 오일샌드 기업과 캐나다 지역에 대한 설명은 한국 독자를 위해 편집자가 추가한 것이다.
싱크루드Sycrude(46면), 밀드레드 레이크Mildred Lake(46면), 싱크루드 오로라Sycrude Aurora(102면), 롱 레이크Long Lake(138면), 빅토리아Victoria(250면), 앨비언 샌드Albian Sands(270면)

* 캐나다 동부 연안과 국경을 맞댄 미국의 메인주, 매사추세츠주 등 뉴잉글랜드 지역.
** Have-Not province. 캐나다 지방 정부 중 평균 세수가 전국 평균에 미치지 못하여 연방 정부로부터 지원금을 받는 곳.

* 캐나다의 대표적인 화석 에너지 개발 산업. 오일샌드는 유정油井에서 뽑아 올리는 액체 상태의 원유와 달리 모래나 진흙 등과 섞여 있는 반고체 상태의 원유이며, 다양한 가공을 통해 우리가 쓰는 석유 제품으로 완성된다.

케이프브레턴

가족

케이티 비턴

마운트앨리슨 대학교
문과 졸업생

닐 비턴

육류 절단업자,
마부 식료품점

매리언 비턴

금융상품 판매 대리인,
이스트코스트 신용조합

베키 비턴

세인트프랜시스사비에 대학교
이과 졸업생

로린 비턴

고등학생, 11학년

모라 비턴

세인트프랜시스사비에 대학교
3학년

노동 시장 소식
앨버타 인적 자원 및 고용부 자금 지원

홈
고용
실업
산업
건설
생활비
위치
주민
서비스
사업

직접 고용
오일샌드 기업들은 수공 기술, 엔지니어링, 기술, 관리, 행정 능력을 갖춘 인력을 직접 고용합니다. 오일샌드 시설은 연중무휴, 하루 24시간, 일주일 내내 운영합니다. 마을에서 오일샌드 노천 채굴지와 시설 현장까지 버스가 운행합니다.

간접 고용
오일샌드 기업들은 인력 회사나 계약 업체를 통해 간접 고용도 실시합니다. 계약 근로자는 오일샌드 시설이나 다른 장소에서 일하게 될 수 있습니다. 건설 부문은 건설업체를 통해 계약 또는 하청이 이루어집니다. 건설 현장이 포트 맥머리 외부에 위치하는 경우 비거주 근로자에게 캠프 시설이 제공될 수 있습니다. 고용 기간은 건설 건수, 시기, 위치, 계약 형태에 따라 다양합니다. 계약 근로자는 근무지까지 자가 통근 수단을 마련해야 할 수도 있습니다. 엔지니어링 업무 일부는 에드먼턴과 캘거리에서 이뤄집니다. 대형 모듈은 에드먼턴 지역에서 제작되어 포트 맥머리로 운송되는 경우가 많습니다.

파생 고용

고용
[홈] [요약] [목록] [연락처]

최근 수정
2004년 12월 15일

- 의무 인증 직종
- 업무
- 필요한 기술
- 안전
- 주요 고용 업체
- 조합 목록
- 업체 사이트
- 임금 및 봉급 정보

"언니, 한참 남았어? 나 전화 써야 해."

동네 소식
내 커뮤니티 포럼 인덱스 >> 맥머리 커뮤니티

주제
공지사항
공지사항: 이 게시판에 메시지를 작성
주제
안전 팁
누구 아는 분?
방 구합니다
방 4개 있어요! 5월 1일부터 가능
새로운 일자리가 필요하십니까?
파티 타임!
맥머리 사망 사건
가구 딸린 지하 세 놓습니다
포트 칩 의료 위기
일자리?

"알겠어."

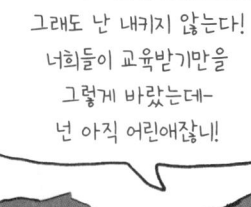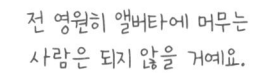

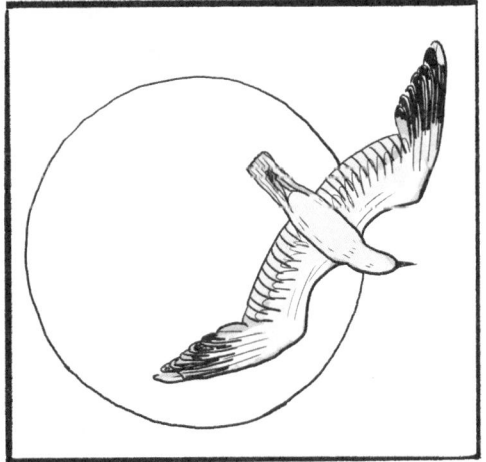

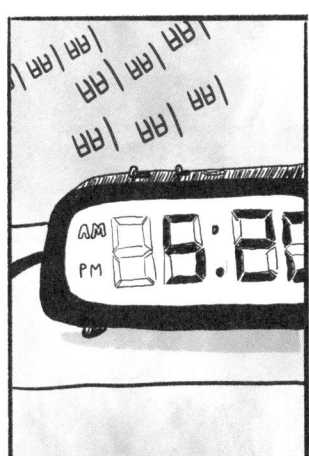

싱크루드
밀드레드 레이크

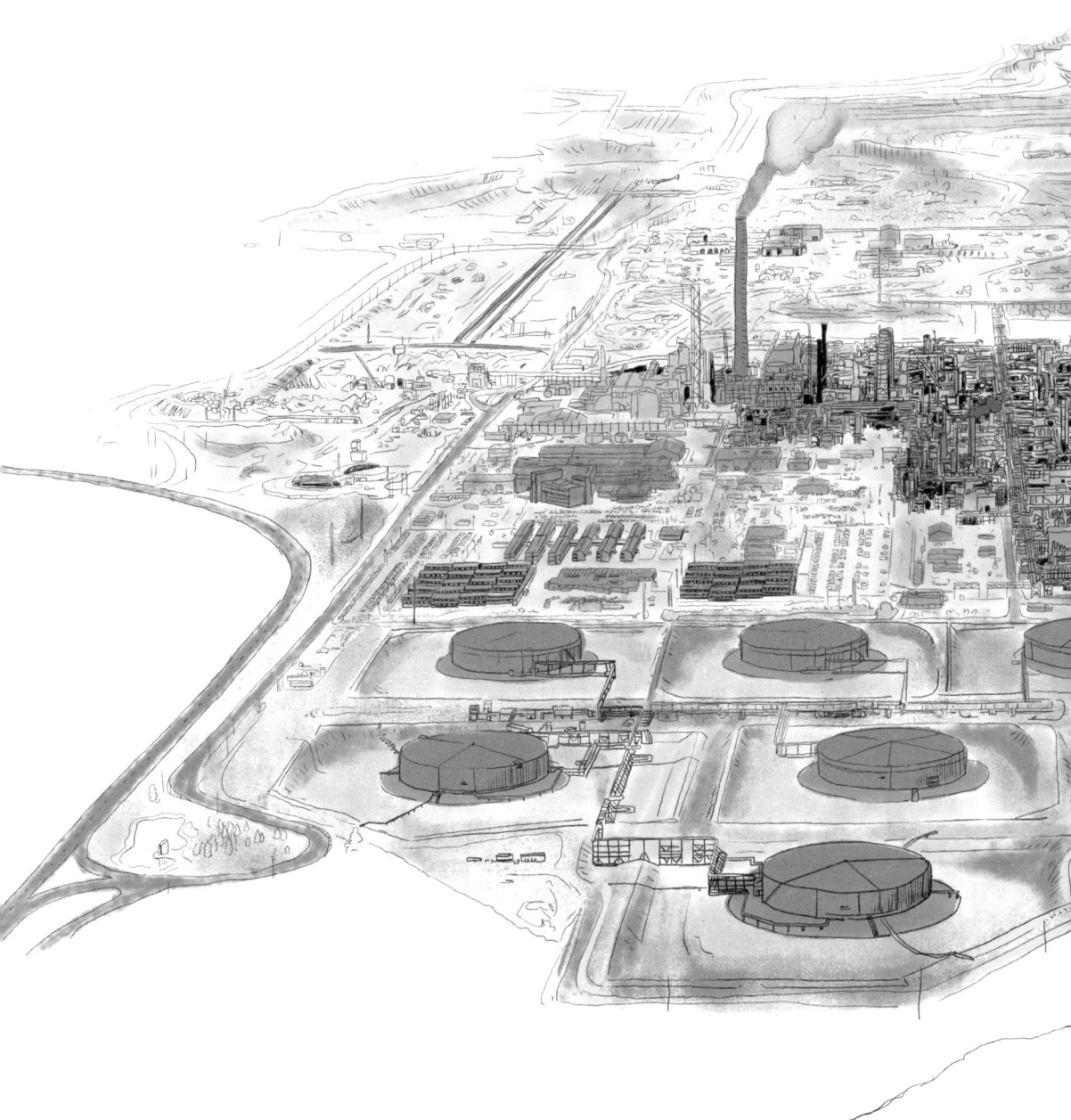

싱크루드 Sycrude

싱크루드 또는 싱크루드 캐나다.
1973년 문을 연 세계 최대의 오일샌드 합성원유 synthetic crude oil 생산업체이자 캐나다 최대의 오일샌드 생산 기업. 앨버타주의 포트 맥머리에 본사를 두고, 매일 35만 배럴의 석유(캐나다 일간 소비량의 약 13%)를 생산한다.

밀드레드 레이크 Mildred Lake

싱크루드가 운영하는 주요 광산. 포트 맥머리 북쪽 40km에 위치하며 1978년부터 가동되기 시작했다.
오일샌드를 추출 및 가공해 매일 수만 배럴의 석유를 생산하며, 단일 산업 시설로는 캐나다에서 가장 많은 온실가스를 배출하는 것으로 악명 높다.

싱크루드
광산 본부

케이티
공구 담당 직원,
노바스코샤

로라
창고 감독,
서스캐처원

달린
공구 담당 직원,
뉴펀들랜드

켄
창고 감독,
온타리오

레이더
운전사,
뉴펀들랜드

아치
노바스코샤

릴리
노바스코샤

* 스코틀랜드 후손이 많이 사는 케이프브레턴에서는 전통적으로 바이올린 연주가 유명하다.

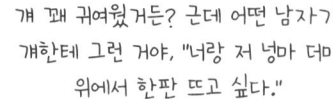

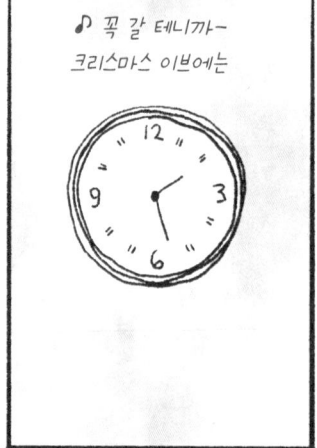

넌 근무지 이동이야.

저요? 이동? 오로라로.

오로라요? 오로라 야간 근무. 왜요?

내가 초과 야간 근무 신청 받을 때마다 네가 늘 하겠다고 했잖니.

카르멘이 내일 시설을 견학시켜줄 거야. 오로라 버스를 타야 돼.

카르멘? 넌 앵무새냐, 아니면 귀가 먹었냐!

싱크루드 오로라 Sycrude Aurora

싱크루드의 사업 확장으로 1998~2001년 사이에 새롭게 문을 연 광산. 밀드레드 레이크 광산에서 북쪽으로 35km 떨어져 있으며, 이곳에서 채굴 및 추출된 역청은 1차 가공 뒤 파이프라인을 통해 기존 가공 설비로 수송된다.

싱크루드
오로라

케이티

공구 담당 직원
노바스코샤

카르멘

공구 담당 직원
앨버타

앰브로즈

정비 주임
뉴펀들랜드

브렌트

정비공
뉴펀들랜드

타일러

정비공
뉴펀들랜드

척

정비공
뉴펀들랜드

셰인, 별명 '아가'

정비공
뉴펀들랜드

조디

공구 담당 직원
앨버타

로지

공구 담당 직원
앨버타

* 대구잡이로 유명한 캐나다 뉴펀들랜드섬 남동부 일대의 대륙붕. 한때 대어장을 이루었으나, 남획으로 인해 1990년대 초에는 어업이 거의 붕괴하고 동부 연안의 지방 경제가 큰 타격을 입었다.

117

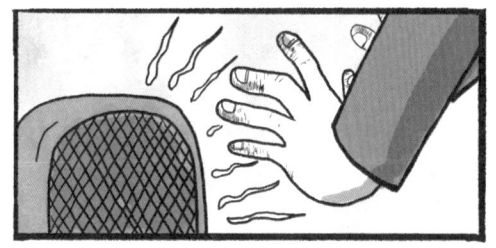

롱 레이크
옵티 - 넥센

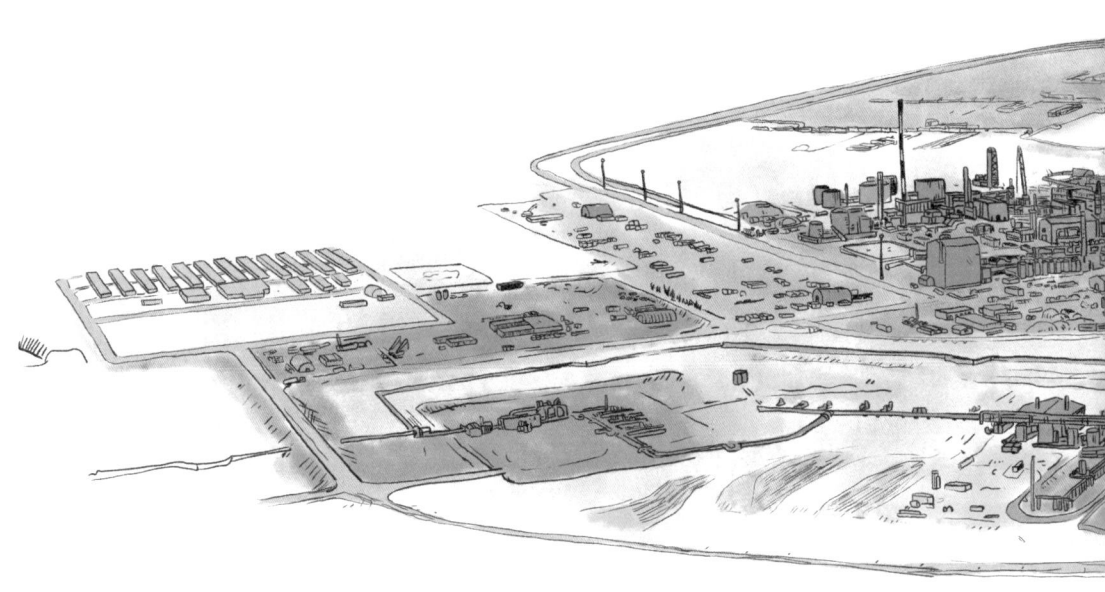

롱 레이크 Long Lake
포트 맥머리에서 남동쪽으로 40km 떨어진 앨버타주 앤잭 인근
지역에서 진행되는 오일샌드 추출 및 가공 프로젝트.
2001년 석유 기업 넥센이 옵티사와 합작법인(OPTI-NEXEN)을 설립한 뒤
프리미엄 합성원유를 생산하기 위해 개발을 시작했다.

롱 레이크

케이티
공구 담당 직원
노바스코샤

리온
공구실장
앨버타

마이크
정비공
브리티시컬럼비아

대미언
공구 담당 직원
앨버타

앵거스
잡역부
노바스코샤

더기
공구 담당 직원
노바스코샤

브라이언
정비공
브리티시컬럼비아

러셀
창고 감독
뉴펀들랜드

트리시
행정 직원
서스캐처원

조
장비 관리자
노바스코샤

린지
행정 직원
온타리오

베키
행정 직원
노바스코샤

* 청소나 짐 나르기처럼 숙련 기술이 필요 없는 몸 쓰는 일.

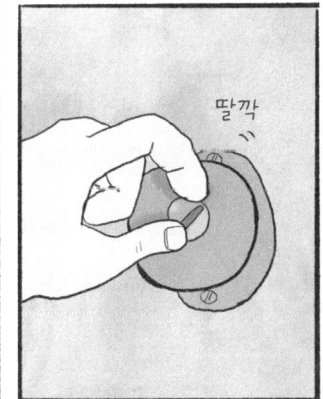

* 채굴 작업 후 남은 찌꺼기를 채운 오염수.

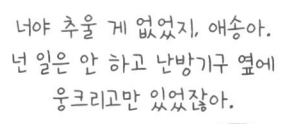

* 일터 등에서 괜히 연애나 친구 문제로 말썽을 일으키지 말라는 의미의 속어.

* 1998년에 결성된 미국 록 밴드.

* 캐나다의 타블로이드판 일간지 〈선〉에 실리던, 주로 수영복 차림의 여성 사진.

* 케이프브레턴섬 서쪽 해안가에 위치한 마을.

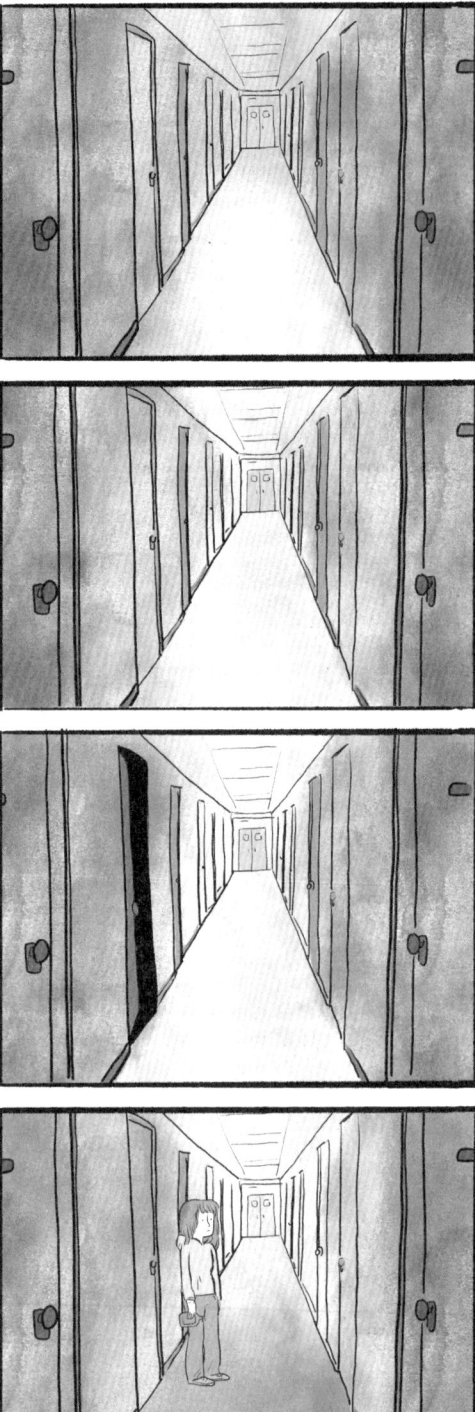

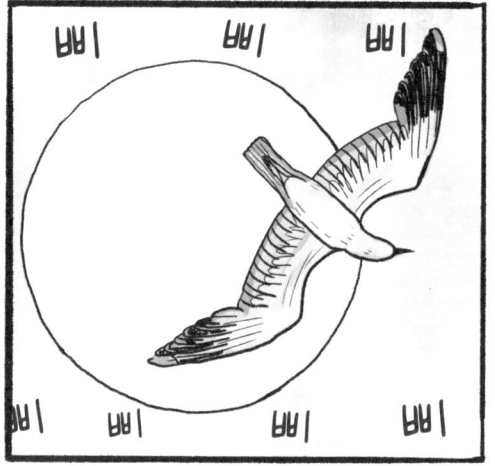

한 달 후

* Steam-assisted Gravity Drainage. 스팀 주입식 추출 공법.

* 포트 맥머리 남쪽에 위치한 호수.

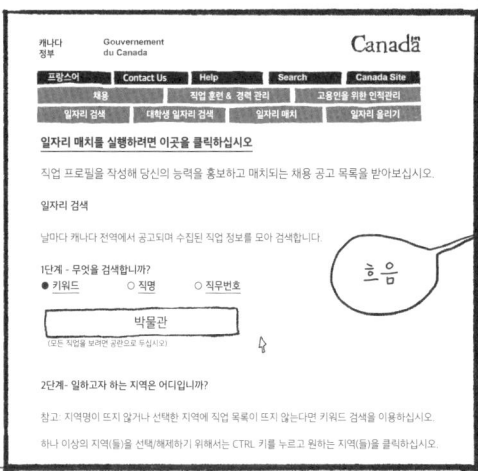

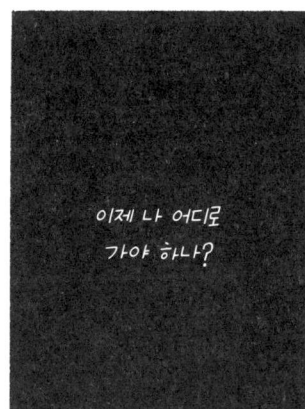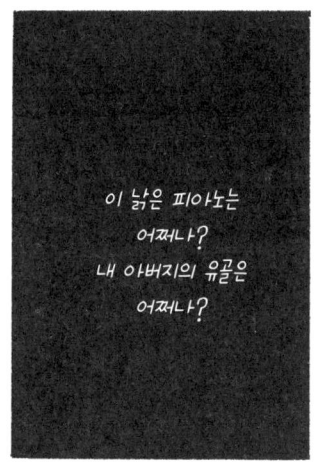

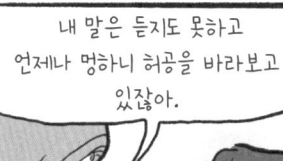

빅토리아 Victoria

밴쿠버섬 남단에 위치한 브리티시컬럼비아의 주도. 온화한 기후의 해안 도시로 부유한 은퇴자들이 많이 살며, 빅토리아 양식의 건물과 아름다운 풍광 덕분에 관광객들의 인기가 높다.

빅토리아에서의 1년

* 켈트족이 사용하는 인도유럽어족 언어 중 하나. 스코틀랜드 정착민 후손들이 많이 사는 케이프브레턴 일부 지역에서는 스코틀랜드 게일어를 쓰고 있다.

* 1908년 완공된 빅토리아에서 가장 오래된 호텔 중 하나. 당시 인도 여제 Empress였던 빅토리아 여왕을 기념하는 뜻에서 지금의 이름이 붙었다.

앨비언 샌드 Albian Sands

1999년 시작한 앨비언 샌드 에너지의 광산 개발 프로젝트. 세계 최대 석유 기업 셸이 합작 투자에 참여했다.
포트 맥머리 북쪽으로 75km에 위치한 잭파인 광산과 머스크강 광산에서 추출한 오일샌드를 가공하고, 판매한다.
이 대규모 프로젝트에 필요한 인력을 수용하기 위해 2460개의 방을 갖춘 마을과 서비스 시설도 함께 건설했다.

앨비언 샌드

케이티
창고 사무실
노바스코샤

린지
근태 관리자
온타리오

베키
품질 관리 기술 지원
노바스코샤

라이언
창고 감독
브리티시컬럼비아

에밀리
창고 사무실
뉴펀들랜드

더기
공구실장
노바스코샤

하림
품질 관리 용접 도면 작성
앨버타

대미언
공구 담당 직원
앨버타

팻
공구 담당 직원
뉴펀들랜드

데이비
크레인 기사
노바스코샤

조
장비 관리자
노바스코샤

노먼
정비공
앨버타

존
현장 연락 총감독
노바스코샤

게리
프로젝트 매니저
앨버타

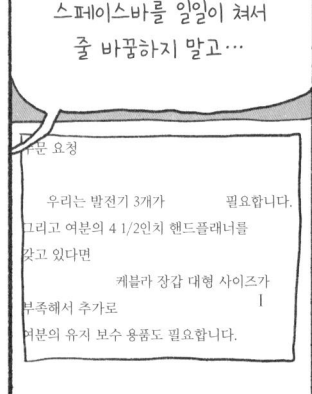

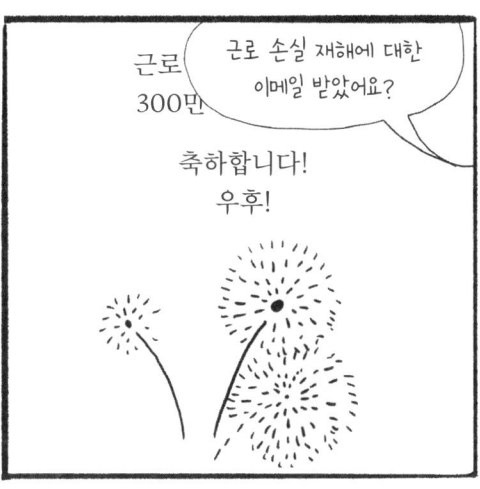

* 석유 탱크가 모여 있는 곳.

* The Men of the Deeps. 케이프브레턴의 전직 탄부들로 이루어진 남성 합창단.

* 멘 오브 더 딥스의 대표곡 'Coal Town Road'. 노랫말 중 조랑말은 광부를 비유한다.

* Fluor. 미국 텍사스에 본사를 두고 에너지 관련 시설 및 인프라를 설계 및 시공하는 기업.
** 미국의 유명 힙합 가수.

* 배꼽이나 가슴 등의 신체 부위에 술을 따르고 직접 마시는 것.

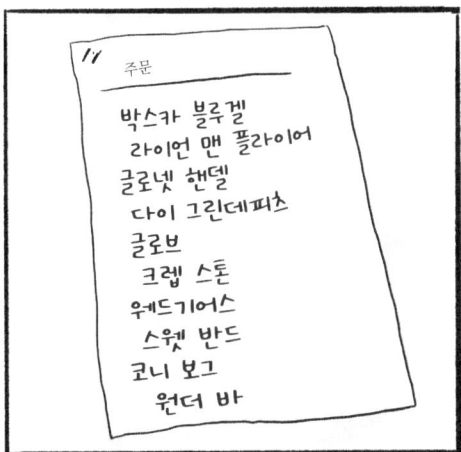

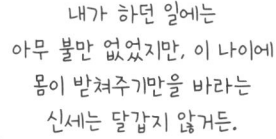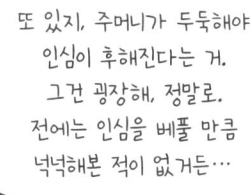

| 홈페이지 | 나의 타임즈 | 오늘의 뉴스 | 비디오 | 지금 뜨는 소식 | 타임스 토픽 | | Get Home Delivery | Log In | Register Now |

뉴욕 타임스

2008년 5월 1일 목요일 최신 업데이트 오전 10:29

Search Get Home Delivery | Personalize Your Weather

- 직업
- 부동산
- 자동차
- 전체 분류

- 세계
- 미국
- 정치
- 뉴욕/지역
- 비즈니스
- 기술
- 스포츠
- 과학
- 건강
- 사설
- 문화예술
  - 책
  - 영화
  - 음악
  - 텔레비전
  - 연극
- 스타일
  - 다이닝&와인
  - 패션&스타일
  - 홈&가든
  - 웨딩/행사
  - 여행

- 블로그
- 카툰/유머
- 낱말 퍼즐

캐나다, 오일샌드 개발 현장에서 오리 떼죽음 조사

이언 오스틴

토드 파월 / Alberta Fish and Wildlife

오타와 - 캐나다 연방정부와 주정부 공무원들은 수요일 싱크루드 캐나다를 조사했다. 싱크루드 캐나다는 대규모 오일샌드 프로젝트 주관 기업으로, 이동하던 오리 수백 마리가 해당 기업의 테일링 연못에 내려앉은 뒤 떼죽음을 당했다.

오일샌드 매장층에서 석유를 함유한 타르를 분리하고 처리하는 과정에 쓰인 물은 커다란 연못을 이루며 유독성 폐기물이 된다. 앨버타 관계자들은 화요일에 싱크루드가 새들을 쫓아내는 소음 발생기를 가동하지 않았다고 전했다. 또 회사는 월요일 새들의 도래를 주정부에 고지하지 않았던 것으로 보인다.

익명의 제보를 통해 마침내 정부 관계자들은 연못에 있던 500여 마리 새의 존재에 대해 알게 되었다.

* 케이프브레턴섬 중앙의 호수.

2008년 4월 18일

지역 소식
지역 스포츠

부고
구인 광고
구직 광고
사이버보안
광고 유치
연락처
개인보호정책

주요 링크
선 미디어
퀘벡 미디어

63번 고속도로 정면충돌 사고로 사망자 발생

척 치양 기자

경찰 발표에 따르면, 오늘 아침 63번 고속도로 포트 맥머리 북쪽 선커 에너지 출구 근처에서 두 차량이 정면충돌하면서 북쪽으로 향하던 운전자가 숨졌다. 도시 북쪽의 이 고속도로에서 올해 네 번째로 일어난 사망 사고다.

경찰에 따르면 사고는 오전 1시 15분경 발생했으며, 선커 에너지 북쪽 2킬로미터 지점에서 피해자의 포드 토러스가 남쪽으로 향하던 탱크로리와 충돌했다. 충돌의 여파로 두 차량 모두 갓길 배수로에 빠졌고, 탱크로리에는 불이 붙었다고 포트 맥머리 기마경찰대 소속 마틴 고데 경관은 전했다.

고속도로는 다섯 시간 가까이 통행이 전면 금지되었다가 오늘 아침 6시경 재개되었다. 올해 1월 1일부터 지금까지 포트 맥머리 북쪽 63번 고속도로에서 일어난 대형 충돌 사고는 6건에 달한다. 2월에는 픽업트럭 충돌로 사망자가 2명 발생했다.

역시 2월에는 싱크루드 출구 근처에서 12중 충돌 사고가 발생했으며 운전자들은 중상을 면했다.

3월에는 트레일러 트럭 운전자가 교통 혼잡으로 멈춰선 다른 트레일러 트럭을 들이받는 사고로 사망했다.

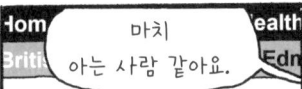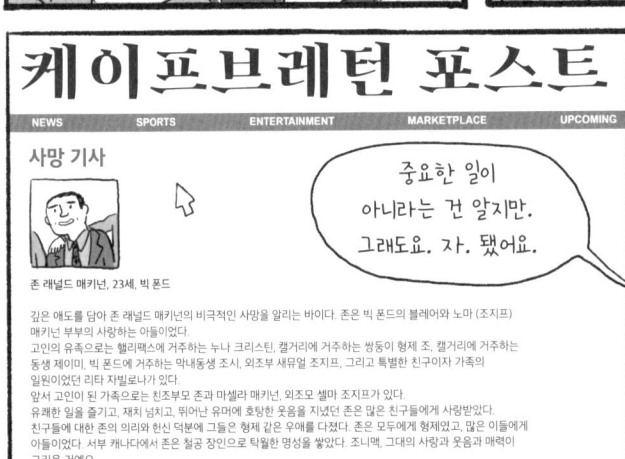

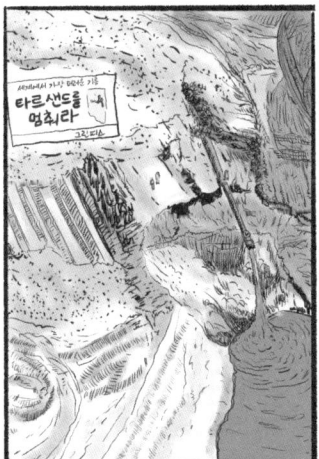

* 캐나다 운전면허증 분류 중 하나. 10인 이하의 승용차를 몰 수 있음.

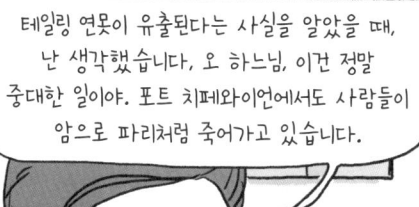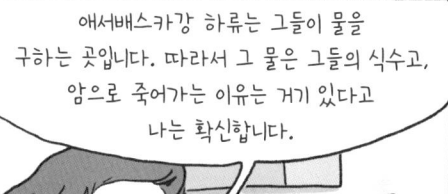

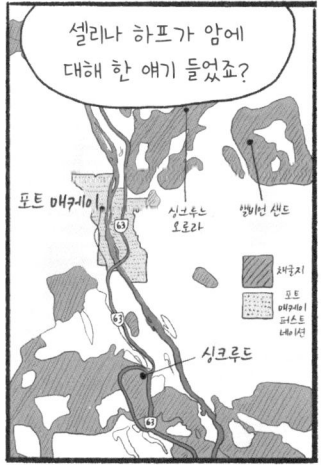

* 캐나다 공영 방송.

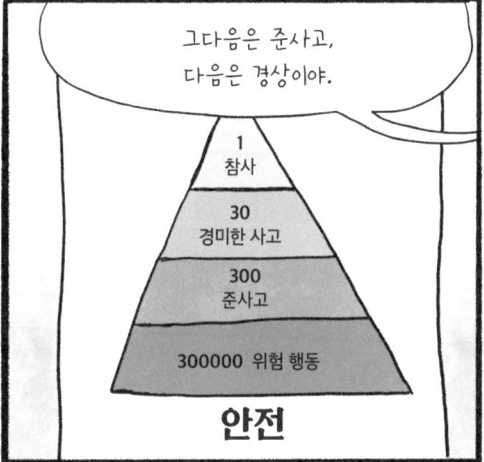

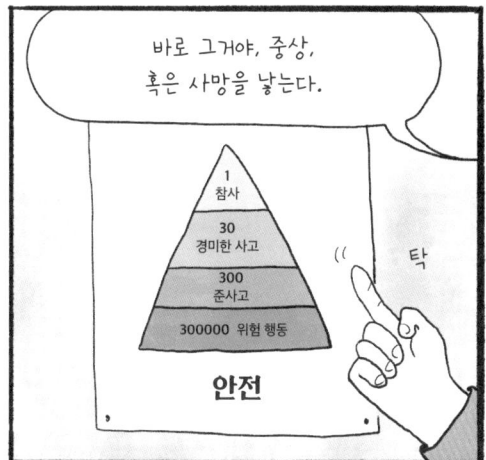

작성자 익명
이 여자는 정말이지 캠프 생활이 어떤지 아무것도 모른다. 나는 건설업 경력 30년 중 거의 25년을 ATCO* 트레일러 캠프에서 살았다. 상황이 열악하다고 언제나 불평만 늘어놓는 건 사실 얼마나 좋은 것들을 갖고 있는지 몰라서 그런 거다. 몇 가지 소소한 것을 더하는 것만으로도 손쉽게 방을 쾌적하게 할 수 있다. 무드등이라든지 고향을 떠올리게 하는 작은 소품 같은 것. 인생은 스스로 꾸려나가기 나름이다. 약 먹고 머리 좀 식히길!

작성자 익명
매우 흥미로운 기사다. 추잡한 놈까지는 아니라고 하고 싶지만, 나도 얼마 전 교대 시간 끝날 때쯤 여자들 팬티 색깔을 놓고 얘기했던 적 있어서 할 말이 없다. 이런 예를 들어서 미안하지만, 배가 고프면 자연히 음식 얘기를 하게 되는 법이다. 내가 하고 싶은 말은 캠프의 우리 남자들을 좀 너그럽게 봐달라는 거다. 물론 우리가 무례하게 굴 때도 있고 대개는 여자들과 어떻게 말해야 하는지도 모르지만, 우린 그저 외로울 뿐이고, 젖꼭지가 어떻게 생겼는지 보고 싶어서 그러는 것도, 뭐 그것도 불쾌하긴 하겠지만, 사실은 여자들의 관심을 좀 끌고 싶어서 그런 거다. 기사는 여러 가지 지점을 옳게 짚었고…

작성자 익명
글쓴이 같은 사람들이 부정적인 의견을 내니까 젊은 여성 인력이 이 바닥에 발을 들여놓기 전부터 포기하는 거야.

작성자 찰스
안녕하세요.
캠프에서 일할까 생각 중입니다. 알아보기 시작한 지 얼마 안 됐는데 좋은/나쁜 회사나 캠프에 대해 자세히 알아볼 방법이 있을까요?
감사합니다.
찰스

작성자 익명
묘하게 힘 빠지는 글이었는데, 정신 제대로 차리고 불쾌한 일을 겪으면 곧바로 되돌려주길 바란다. 여자들은 스스로 목소리를 높이는 법을 배워야 하고 원하는 깃을 위해 싸울 줄 알아야 한다. 나는 산업 건설 분야에서 일하면서 한 번도 겁먹은 적 없었고, 사실 대부분의 남자들은 자상한 데다가 남자 동료들보다 여자 동료들이 하는 말에 더 선뜻 귀를 기울여줄 것이다.

작성자 익명
글쓴이처럼 포트 맥머리에 대해 안 좋은 말만 하는 사람 진짜 싫다. 나는 7년간 거기 살았고 우리 가족은 여전히 서 있다. 그곳은 니와 가족에게 너무나 많은 기회를 안겨주었다. 거기서 살아보고 포트 맥머리의 온갖 좋은 점을 진정으로 경험하지 못했다면, 불쌍할 따름이다. 포트 맥머리는 멋진 곳이고 살기 고약한 곳이 결코 아니다.

* 캐나다의 엔지니어링, 물류, 에너지 회사.

당연히 차단했지!

아, 당연하고말고.

하팀: 방금 내 사무실 앞을 지나가는 거 봤어요
나: 복사기를 좋아하거든요
하팀: 복사기도 분명 당신을 좋아할 거예요
하팀: ---> 와 케이트다
하팀: <--- 또 케이트다
나: 바쁘네요
하팀: 네, 그런 것 같네요
하팀: 머리길을 붉은 갈색으로 물들여보는 거 어때요
하팀: 지메일 프로필 사진 말하는 거예요
하팀: 동네를 돌아다닐 때면, 남자들이 다 이러겠죠. "오우, 케이트, 머리 근사한데, 자기… 데이트하고 싶네"
하팀: 음…그래요, 바꾸는 쪽이 어울릴 것 같아요
나: 그러게요

마조리가 뭐 때문에 한마디 했는데?

회의 때 발로 누구를 집적거렸다나? 뭐라나?

아 미친!

이 사무직 남자들은 말이지— 적어도 밖에서 일하는 남자들은 친근한 척 하지는 않는다고.

굳이 내 사무실까지 와서 자기 기분 좋아지려고 나한테 곤란한 질문이나 하고, 난 맞춰주고!

뭘 어쩌겠어? 이미 행동 불량으로 지적을 받았는데 듣지도 않잖아.

어휴, 모르겠다. 난 밖에서 일하는 남자들이 더 나은 거 같아.

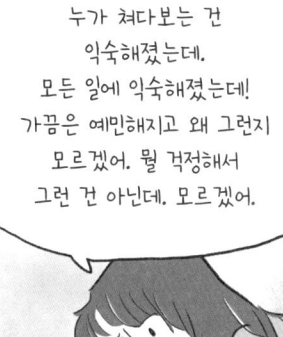

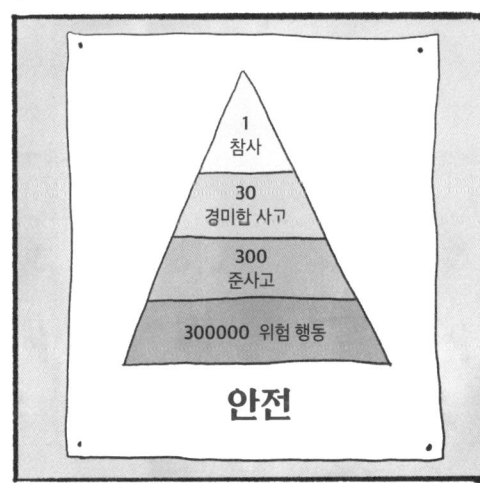

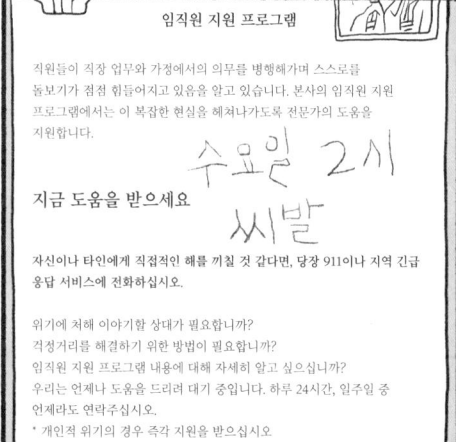

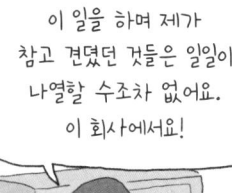

작가 후기

모두가 저마다의 오일샌드를 경험했다. 이것은 내가 겪은 오일샌드다.

나는 2005년부터 2008년 사이 2년간 그곳에 있었고, 여러 다양한 현장과 회사에서 일했다. 마구 확장해나가는 임시 작업 캠프에서도, 포트 맥머리 시내에서도 살아보았다. 흔히 앨버타 북부 오일샌드를 순전히 좋은 곳이나 순전히 나쁜 곳으로 규정하려는 경향이 있다. '일자리와 이윤' 대 '기후를 위협하는 환경파괴'의 구도다. 하지만 나는 그곳에 있는 동안 같은 장소가 동시에 좋으면서 나쁠 수 있으며, 오일샌드는 어떤 단순한 규칙에도 들어맞지 않음을 알게 되었다.

당시 내 경험에는 시대적 상황의 영향이 짙게 배어 있다. 지금처럼 스마트폰과 소셜 미디어를 어디서나 접할 수 있는 시절이 아니었고, 신기술이 도래하기 직전의 시대였다. 오늘날에 비하면 우리는 서로 촘촘히 연결되어 있지 않았다. 전례 없던 인구 성장의 시대였고, 기후 변화에 대한 언급은 상대적으로 적었으며, 석유 가격이 기록적으로 치솟고 유정(油井)과 돈은 영원히 바닥나지 않으리라는 낙관적인 믿음이 그 뒤를 따랐다. 그리고 물론, 남성 노동자가 압도적으로 다수를 차지하는 현장에서 내가 여자였다는 점이 그 경험의 중요한 특징이다.

또한 당시는 노동자의 정신건강(특히 오일샌드 작업 캠프처럼 남성성이 과한 환경에서 여기저기 옮겨다니며 일하는 남성 노동자들의 정신건강)에 대한 논의가 거의 이뤄지지 않던 시절이었다. 캠프 생활에서는 특유의 정신건강 문제들이 발생했는데 그 환경은 그런 어려움과 맞서기엔 몹시 부적절했다. 많은 이들이 지루함, 고립감, 외로움, 우울감에 빠져들었고, 어떤 이들은 도저히 감당할 수 없을 지경에 이르렀다. 의지할 만한 수단은 현장에 거의 없었고, 실상 말뿐인 지원에 불과했다. 대신 기업은 인간성 파괴를 숨기며 근로 손실 재해 없이 몇백만 시간을 달성했음을 자축했다. 한마디 덧붙이자면, 이 책을 쓰기 위해 자료 조사를 하면서 이 주제에 대한 연구나 보도는 거의 찾지 못했다. 오일샌드처럼 대규모에 파급력이 큰 산업이라면 이는 매우 걱정스러운 일이다. 캠프 노동자들의 인간성 문제는, 누가 그런 곳에 가며 왜 가느냐를 두고 우리가 구축해온 대중적인 이미지에서 종종 빠져 있다. 나는 이 책이 그런 이미지에 또 하나의 구멍, 반드시 필요한 구멍을 내길 바란다.

내 이야기에 성폭력이 담겨 있기에 선정적으로 다뤄질까봐 조심스럽다. 하지만 슬픈 사실은, 모든 종류의 성폭력이 어디서나 너무 흔하므로 선정적이지 않다는 것이다. 그렇다고 해서 내가 성폭력에 깊이, 부정적으로 영향받지 않는다는 뜻은 아니다. 나는 언제나 그런 일에 충격받을 것이다. 하지만 그 남자들 중 누구도 자기가 했던 일을 강간이라 생각하지 않는다고 장담한다. 한 번이라도 떠올린다면 말이다. 나는 그중 한 사람의 이름을 안다. 그는 나를 강간했을 때 사귀던 여자친구와 결혼해 아이가 있다. 그의 인생에서 나는 그저 캠프 생활의 고질병인 지루함과 외로움의 짧은 배출구일 뿐 아무것도 아니었지만, 내 인생에서 그는 심각한 트라우마였다.

오일샌드 같은 장소에 젠더 폭력이 존재한다는 사실을 언급하자마자 많은 이가 곧장 방어적으로 돌변하는 것을 나는 봐왔다. 그들은 거기서 일하며, 자신이 하는 일과 그 일로 생계를 꾸려나가는 데 자부심을 느끼는 사람일 수 있다. 혹은 그곳에서 일하는 남자를 알고 사랑하는 이들일 수 있다. 그 때문에 그들은 자신과 주변 사람들이 성폭력처럼 혐오스러운 것과 연관 있다는 조그마한 암시에도 모욕을 느낀다. 미래를 지향하는 젊은 가족들의 도시 포트 맥머리는 '거친 서부'라는 낡은 고정관념을 품고 비난하는 외부인들을 그냥 참아넘기지 못한다.

그러나 작업 캠프는 특수하게 폐쇄된 사회이자 경계공간Liminal Space이며, 남성 위주의 다른 많은 공간과 유사하다. 캠프나 노동 현장에서 그럴 수 있듯 남자가 여자보다 수적으로 최대 50 대 1까지 우세할 때, 젠더 폭력은 일어난다. 당연히 일어난다. 당연히 이는 남자들이 가족과 친지와 공동체와 떨어져 장시간 고립된 채, 오일샌드 같은 캠프와 노동환경에서 완전히 재사회화될 때 일어난다. 멀쩡한 사람이 얼마나 있는가는 중요치 않다. 나는 그런 이들을 많이 알았다.

이는 캐나다의 원주민 여성과 소녀들에게 한층 심각한 더없는 진실이다. 그들은 외딴 노동 캠프 같은 장소에서 성폭력 피해자가 될 가능성이 훨씬 크다.

2005년, 대학 교육을 받았음에도 나는 이런 일에 관해 아는 바가 거의 없었다. 원주민의 권리아 시민지 폭려의 유산은 뉴스에도, 어떤 교과서에도 나오지 않았으며, 목소리조치 주어지지 않았다. 다행스럽게도 지금은 변화하기 시작했다. 그러나 과거의 내 자아가 이런 일에 상대적으로 무지했다는 건 변함없는 사실이다. 그리고 이것은 내 회고록이므로 오직 내가 경험한 오일샌드에 대해 말할 수 있을 뿐이다. 그때 나의 세상은 매우 작고 백인 위주였다.

그리하여 나는 포트 매케이의 크리족 공동체 원로인 셀리나 하프에게, 그녀의 말과 모습을 이 책에 담을 수 있도록 허락해준 데 대해 깊은 감사를 표한다. 2008년 유튜브 영상에서

그녀의 말을 들은 경험은 칼처럼 내 무지를, 그리고 그녀의 존재를 위협하는 산업에 나 자신이 동참하고 있다는 사실과, 그에 대해 내가 품었던 안이한 자각을 갈라놓았다.

오일샌드는 훔친 땅에서 가동된다. 오일샌드가 낳는 공해, 작업 캠프, 점점 늘어나는 정착민 인구는 그 지역 원주민 공동체에 심각한 사회적, 경제적, 문화적, 환경적, 건강상 악영향을 지속적으로 끼친다. 애서배스카 치페와이언 퍼스트 네이션, 치페와이언 프레리 퍼스트 네이션, 포트 매케이 퍼스트 네이션, 포트 맥머리 468번 퍼스트 네이션, 미키수 크리 퍼스트 네이션, 또한 앨버타 북부 메티스 공동체들이 직면한 문제와 그들의 역사에 귀 기울이고 이해하는 데 여러분 모두 노력해주기를 당부드린다.

내가 연락했던 모든 분께(개중에는 포트 맥머리를 떠난 다음 한 번도 얘기를 나눈 적 없는 분들도 있고, 처음으로 얘기를 나눈 분들도 있었다), 기꺼이 시간을 내주시고 그토록 오래전 우리가 함께 보낸 시간을 깊이 생각해주신 데 대해 감사드린다. 일부 특별한 경우를 제외하고 이름 대부분은 사생활 보호를 위해 바꿨다.

이 책이 나오기까지 도와주신 분들께 감사드린다. 모두의 이름을 넣고 싶지만, 그럴 수 없어 아쉽다. 함께 나눈 기억을 재구성하도록 도와주고, 자기 이야기를 싣도록 허락해준 린지 버드에게 각별한 감사를 전한다. 남편 모건, 부모님 매리언과 닐, 자매들 베키, 모라, 로린에게 감사한다. 오일샌드의 베키의 옛 동료들에게 감사드린다. 베키가 암에 걸렸을 때 처음으로 돈을 모아 보내준 것은 그분들이었다. 나는 결코 그 사실을 잊지 않을 것이다. 나는 이 책을 베키가 죽기 전에 시작했고, 언제나 이 책의 중요한 한 부분일 베키가 지금 이 책을 볼 수 있었으면 하는 마음이 간절하다. 내가 책을 내겠다고 처음으로 이야기를 꺼냈던 이가 베키였다. 부지런하고 끈기 있게 함께 일해준 출판사와 편집자들에게 감사드린다. 드로운 앤드 쿼터리의 팀 전체(페기, 트레이시, 줄리아, 셜리, 메건, 루시아, 톰, 앨리슨, 리베카, 케야, 트린, 프랜신)에 감사드린다. 이 책을 마무리할 수 있었던 건 공동의 노력 덕분이었고, 그들이 없었다면 나는 해내지 못했을 것이다. 내 에이전트 세스에게 감사하고, 이 책을 작업하는 여러 해 동안 나를 격려하고 지지해준 많은 친구들에게 감사한다. 여러분 모두 사랑합니다.

케이트
2022년 1월 24일, 케이프브레턴 마부에서

추천의 말

캐나다를 얘기하면 자연, 포용, 복지가 먼저 떠오른다. 몇몇 도시를 가본 게 전부지만 나는 이 나라가 좋았다. 이웃이 원체 악명이 높아서일까. 내 미국 친구들이 선망하는 이 나라는 브레이크 없는 자본주의 바깥에 있다는 착각이 들 정도다.

하지만《오리들》은 내게 순진한 척 말라고 일침을 놓는다. 여행객들이 오로라를 보려고 먼 걸음을 한 아득한 땅은 광부들이 영하 40도의 혹한을 뚫고 아슴푸레한 희망을 채굴하는 오일샌드다. 학자금 대출 빚을 갚겠다고 발 디딘 20대 여성이 외롭고 우울한 남성들에 둘러싸여 일상적인 수치심을 삼켜야 하는 곳, 노동자의 정신건강, 환경, 원주민 공동체는 안중에도 없는 기업이 재해로부터의 안전을 홍보하기 바쁜 곳이다.

오랜만에 펼친 그래픽노블이 내 몽상을 박살 낸 건 당혹스럽지만, 시야는 덕분에 선명해졌다. 불평등, 수탈, 폭력은 지구 어디서나, 예외 없이 나타난다. 이런 고통을 제도화한 자본주의에 성찰적·비판적으로 맞서는 인간도 어디서나, 꺾이지 않고 등장한다. 오로라보다 더 눈부시게.

조문영 (연세대학교 문화인류학과 교수)

《오리들》을 보고서, 나는 내가 겪은 오일샌드를 떠올렸다. 20여 년 전 짧게 근무한 첫 직장 신문사가 그곳이었다. "남자들 세상"이었던 그곳에서 나는 성추행, 욕설, 뇌물 등을 처음 겪었고, 노동조합으로 그런 문제에 대응하려는 사람도 처음 보았다. 무엇보다 괴로운 것은 내가 고압적인 '기자' 태도를 금세 익히더라는 점이었다. "여기는 원래 이런 곳이야, 다 알고 돈 벌러 왔잖아"라는 말로 노동의 문제를 덮는 곳은 어디나 오일샌드일 수 있다.

케이트 비턴도 학자금 대출을 갚으려고 석유 채굴장에 일하러 갈 때, 고립된 환경에서의 중노동이 힘들 것은 예상했어도 그 일에 성폭행이나 마약까지 포함되리라고는 생각지 못했을 것이다. 항의했다가 이자라서 "특별 대우"를 원하냐는 말을 들을 때, 혼자 내부고발자가 되어서 해결될 문제가 아님을 알고 더 힘들었을 것이다. 더구나 오일샌드를 단순하게 선악이 갈리는 '지옥'으로 그리고 싶어 하는 바깥세상에는 비턴도 단순하게 동조할 수 없다는 점이 더 괴로웠을 것이다.

    자본이 오리들과 여우와 원주민 사회를 죽이는 곳, 생계의 무게를 인질로 삼아 노동자의 안전과 권리와 품위를 뒷전으로 미루는 곳, 사람들이 다른 사람이 되고 마음이 무너지는 곳. 비턴이 십여 년 후에야 그곳 이야기를 할 수 있었던 것은 당연하고, 끝내 이 이야기를 하고 마는 것도 당연하다. 오일샌드는 지금도 우리 곁 곳곳에 있기 때문이다.

김명남(번역가)